O menino Pedro e seu Boi Voador

O menino Pedro e seu Boi Voador

Gerente editorial	Claudia Morales
Editoras	Lenice Bueno da Silva / Anna Angotti
Editoras-assistentes	Anabel Ly Maduar / Elza Mendes
Coordenadora de revisão	Ivany Picasso Batista
Arte	
Editor	Vinicius Rossignol Felipe
Diagramador	Claudemir Camargo

CIP-BRASIL. CATALOGAÇÃO NA FONTE
SINDICATO NACIONAL DOS EDITORES DE LIVROS, RJ

M129m

Machado, Ana Maria, 1941-
O menino Pedro e seu Boi Voador / Ana Maria Machado ; ilustração de Alexandre Rampazo. - 8.ed. - São Paulo : Ática, 2010.
40p. : il. - (Abrindo Caminho)

ISBN 978-85-08-12837-2

1. Fantasia - Literatura infantojuvenil. 2. Literatura infantojuvenil brasileira. I. Rampazo, Alexandre. II. Título. III. Série.

10-0123. CDD: 028.5
CDU: 087.5

ISBN 978 85 08 12837-2 (aluno)
CL: 736922
CAE: 249949

2023
8ª edição
10ª impressão
impressão e acabamento: Forma Certa

Avenida das Nações Unidas, 7221 – CEP 05425-902 – São Paulo, SP
Atendimento ao cliente: 4003–3061 – atendimento@aticascipione.com.br
www.coletivoleitor.com.br

para Darwin Brandão,
padrinho de Pedro,
amigo e irmão,
soltador de Boi Voador
por estes céus afora

O menino Pedro e seu Boi Voador

Ana Maria Machado

Ilustrações
Alexandre Rampazo

editora ática

Um dia, quando a mãe de Pedro chegou do trabalho, perguntou a ele como sempre fazia:

— Tudo bem, meu filho? Como é que foi hoje na escola?

Pedro respondeu:

— Hoje teve um colega novo.

Ela quis logo saber como é que ele era.

— Ih, mamãe, você nem adivinha...

Ela ficou experimentando adivinhar:

— É gordo? É magro? É bem moreninho e cabeludo? É comprido e desengonçado? Tem olhos grandes? Tem o joelho esfolado? Tem um jeitão bem levado?

— Nem jeitão nem jeitinho, nem levado nem trazido… Duvido que você adivinhe, mamãe. Pode ir dizendo coisas bem malucas.

Aí ficou mais divertido ainda. Porque a mãe de Pedro dizia coisas assim:

— Será que ele tem o cabelo azul da cor do céu e os braços cor do mar com seus peixinhos?

— Não, mamãe, nada disso. Adivinha...

Ela tentou de novo.

— Será que ele tem lábios de rubi, dentes de pérola e cabelos de ouro?

— Mamãe, é um amigo, não é uma vitrina de joalheria.

Ela continuava:

— Será que ele é negro como a noite mais profunda e cheio de estrelas, flores e brilhos de beleza?

— Isso mesmo, mamãe, agora você está acertando. Adivinhe mais.

Então a mãe foi ficando muito espantada. Ela estava inventando aquelas coisas só de brincadeira, de faz de conta. Assim, ela ficava sem entender. Ficou parada, com cara meio de boba, olhando para o filho. Ele resolveu dar uma ajudinha:

— Tem rabo, mamãe. E tem chifre.

Aí mesmo foi que ela se assustou. E Pedro continuou:

— E ele voa, mamãe. Mais depressa que avião a jato.

— Que ideia é essa, menino? Deixa de bobagem!

— Bobagem, nada. Você está achando que meu colega novo não é assim? Mas é... Adivinhe só. O que é, o que é, que tem chifre e tem rabo, voa para tudo quanto é lado, é negro como a noite mais profunda e cheio de flores, estrelas, pedacinhos de espelhos que brilham?

— Não sei, diga logo.

— É um boi voador.

— Ah, bom — fez ela...

— E onde é que você já viu um boi voador?

— No meu colégio hoje entrou um. É meu colega novo. Mas eu já tinha visto um igual a ele, só que pequenininho, na sala da tia Guguta.

A mãe começou a entender e tratou de explicar a Pedro:

— Aquele boi não é voador, está pendurado ali só para enfeitar. É uma cópia da fantasia que os homens usam para dançar nas festas do bumba meu boi. Acho que seu tio trouxe do Maranhão ou do Piauí.

— Se ele dança quando é pequenininho, pode muito bem voar quando crescer. O meu colega voa. Cada voo bonito... As luzes batem nele, ficam brilhando no espelho, é lindo.

A mãe resolveu concordar, mas só de faz de conta. Claro que ela não estava acreditando de verdade em nada daquilo. Ora, onde já se viu boi voador? Por isso, ela falou assim:

— Está bem, Pedro, se você quer inventar essa história de boi voador, nós podemos brincar disso. Aquele boizinho-bumbá da casa da Guguta fica sendo seu colega, grandão e voador. A gente faz de conta que ele existe de verdade.

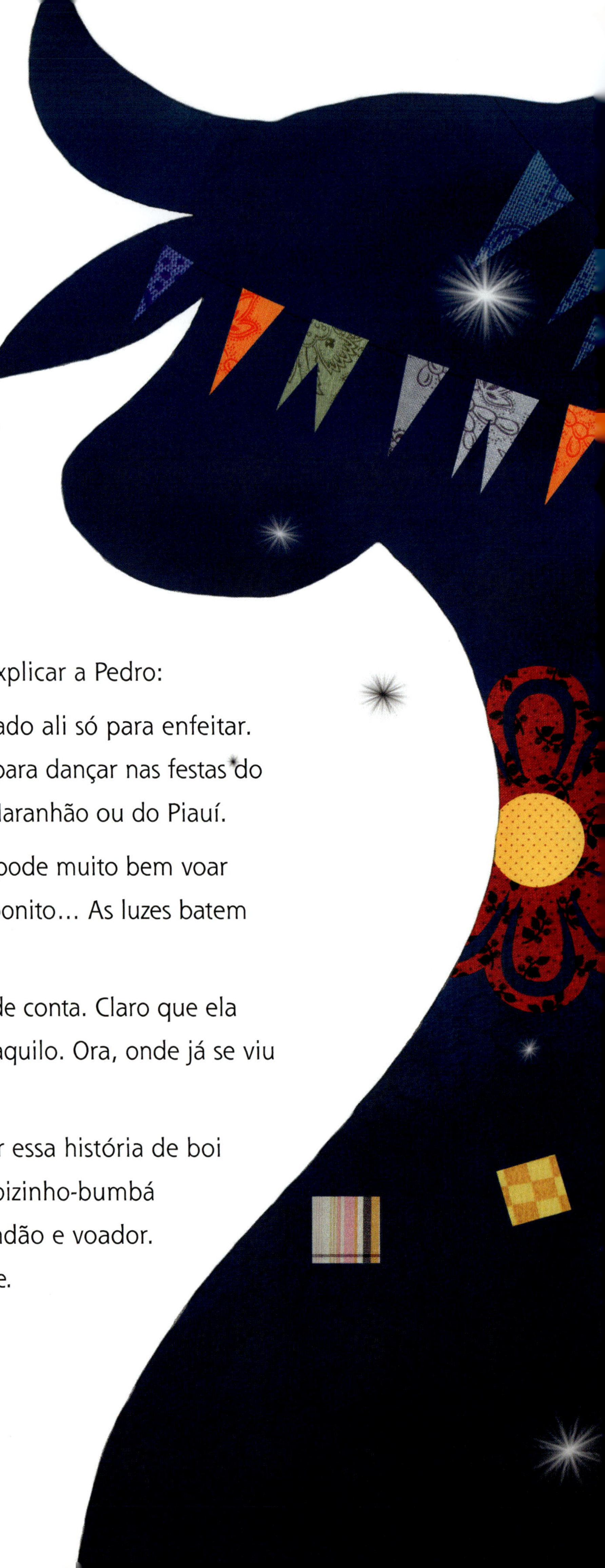

Pedro começou a ficar meio zangado:

— Não é fazer de conta, mamãe. Fazer de conta é aquela vaca voadora das histórias, que toma poção mágica, essas coisas. Meu colega é um boi voador porque é. Ele existe mesmo. Lembra daquela música que você estava ouvindo outro dia?

A mãe não lembrava. Pedro cantou para ela o pedacinho:

É fora, é fora, é fora, é fora da lei, é fora do ar...
É fora, é fora, é fora, segura esse boi, é proibido voar.

E perguntou:

— Está vendo só?

— Estou vendo o quê?

— Está vendo como boi voador existe? Se não existisse, não era proibido nem precisava segurar. Se precisa não deixar, é porque se deixassem ele voava. Só porque tem um monte de bois que agora não estão voando, não quer dizer que não existe boi voador. Eu já disse que na casa da tia Guguta tem um pequenininho. E você mesma tem o disco do boi voador. Claro que pode.

E perguntou:

— Está vendo só?

E depois dessa explicação muito bem explicadinha, parece que Pedro perdeu um pouco a paciência, cansou de ficar repetindo para gente grande a mesma coisa. Desceu para brincar e só subiu de novo, todo sujo e suado, quase na hora de jantar, animadíssimo com a partida de futebol que a turma estava acabando de jogar.

A essa altura, o pai já tinha chegado. Viu Pedro entrar em casa daquele jeito, deu um abração nele e tratou de ir perguntando:

— Como é? O futebol estava animado?

— Estava ótimo, pai.

— Quem ganhou?

— Nosso time, é claro. Com esse novo goleiro, ninguém consegue fazer gol, ele agarra tudo.

— Puxa, que ótimo — disse o pai, todo contente. — Esse menino agora mora aqui no prédio, é? Em que andar?

— Não é menino, pai, e não mora em prédio nenhum.

O pai ficou olhando para ele e Pedro explicou rapidamente:

— É um boi voador.

Falou rapidinho e saiu logo da sala, ligou o chuveiro, entrou no banho e demorou lá dentro um tempão. Primeiro porque ficar no banho é gostoso mesmo (chato às vezes é entrar e começar, mas ficar é bom). E depois, porque ele tinha certeza de que o pai vinha com toda aquela perguntação de novo. Mas enquanto saía da sala ainda ouviu o comecinho da conversa. O pai perguntava para a mãe:

— Que ideia mais doida é essa?

E ela respondeu:

— Deixa pra lá. É a última mania dele. Voltou do colégio hoje com essa história.

No chuveiro, debaixo da água morninha que caía, se esparramava e barulhava gostosa, Pedro só pensava como ia ser bom contar ao irmão e à irmã todas as novidades de seu colega novo. Eles eram mais velhos, mas ainda não eram gente bem grande e na certa iam acreditar nas coisas que os grandes não conseguem ver.

Depois do banho, foi todo animado falar com a irmã:

— Joana, você precisa conhecer meu colega novo. Está na minha turma do colégio e até vem no mesmo ônibus que eu. É um boi voador lindo, de pano preto, com uma estrela brilhante na testa, uma porção de flores bordadas e coloridas, todo bonito.

Joana estava de cara meio amarrada, porque respondeu que nem uma chata:

— Acho bom você inventar uma história melhor, Pedro. Se o seu boi é voador, não precisa tomar ônibus. Vem voando sozinho e ainda dá carona para todo mundo. Você não acha mais interessante um cavalo motoqueiro? Ou um macaco surfista? Boi voador é meio sem graça...

Pedro ficou furioso:

— Não estou inventando porcaria nenhuma. É verdade verdadeiríssima. Entrou um aluno novo na minha escola e é um boi voador parecido com aquele que tem pendurado de enfeite lá na sala da tia Guguta. Todos os meus colegas viram. Mas tem um monte de gente metida a besta por aqui que não acredita em conversa de criança. Azar o de vocês. Vão ficar sem boi voador.

Joana viu que ele estava zangado mesmo e tentou dar um jeito, explicando com calma:

— Pedro, alguns animais voam. Outros não voam. Por exemplo, geralmente as aves voam — é para isso que elas têm asas. Só algumas aves pesadas, ou muito desajeitadas como os avestruzes ou os pinguins, é que não voam. Mas boi não é ave, por isso não pode voar.

Pedro era esperto:

— Ah é? E mosca? E mosquito? E abelha? E borboleta?

Joana continuava suas explicações:

— Muitos insetos também voam. As aves e os insetos que têm asas podem voar. Mas boi não é ave, nem é inseto de asa. Quer dizer, não voa. E deixe de ser teimoso.

— E peixe-voador? É ave, é inseto ou é teimoso? E morcego, é o quê, sua sabichona?

— Morcego é mamífero e voa. Peixe-voador não voa, só dá pulos compridos. Vai ver que é isso. Esse boi seu colega deve ser um campeão de pulos e vocês ficaram pensando que ele é voador.

Pedro insistia:

— Nada disso, Joana. Ele voa mesmo, de verdade. Eu sei, eu vi.

Mas o jantar já estava indo para a mesa e Pedro não estava com a menor vontade de ficar discutindo aquele assunto com a família toda. Achou melhor falar em outras coisas e ninguém também se lembrou de perguntar pelo boi voador.

Na hora de dormir, depois que a mãe contou história, saiu do quarto e apagou a luz, Pedro começou a conversar com o irmão, como eles faziam toda noite:

— Rodrigo, você ainda está acordado?

— Estou, que é?

— Sabe que eu tenho um colega novo?

— Como é que ele é?

Pedro respirou fundo, criou coragem e respondeu:

— É voador...

Rodrigo era mesmo um amigão. Nem se espantou. Só perguntou de volta:

— É um pássaro? É um avião? É um super-homem?

— Nada disso... É um boi.

— Um superboi?

— Não. Um boi mesmo, igual àquele que tem na sala da tia Guguta, de pano preto, cheio de estrelinhas, flores e espelhinhos pendurados. Só que esse é maior, já cresceu, não precisa de vento para ficar rodando, voa sozinho mesmo.

Rodrigo, como era um irmão mais velho muito paciente, foi explicando:

— Pedro, boi não voa. O que voa é super-homem, o ultraman, foguete interplanetário, aqueles homens-pipas que pulam na praia... Até o homem-aranha precisa de teia, até o Batman precisa de batcorda. Esse teu colega deve ter um truque desses. Ou então é pó de pirlimpimpim, que nem nas histórias de Monteiro Lobato ou Peter Pan. Mas voar? Não pode ser, meu irmão. É impossível.

— Mas ele voa, Rodrigo. Voa que eu já vi.

— Para cima de mim com essa conversa? Nem vem que não tem...

E o papo acabou assim. Não deve ter sido um fim muito bom, porque cada um virou para um canto e trataram de dormir.

No dia seguinte, Pedro resolveu não ficar mais toda hora falando em boi voador. Mas de tardinha estava cantando uma canção nova:

Cavalo-marinho
Brinca no terreiro
Que a dona da casa
Tem muito dinheiro
Cavalo-marinho
Brinca na calçada
Que a dona da casa
tem galinha assada...

A mãe de Pedro, ouvindo aquela música diferente, parou para prestar atenção. E elogiou:

— Que bonita essa cantiga, meu filho! Aprendeu no colégio, foi?

E ele:

— Não, mamãe, aqui em casa mesmo. Com o Boi Voador.

Ela virou meio de banda e resolveu não dizer nada. Mas era só olhar para a cara dela para ver que não estava mesmo acreditando.

Na quarta-feira, os avós de Pedro deram uma passadinha lá para ver os netos. Primeiro chegou a avó. Foi aquela festa de beijos e abraços:

— Como é? Quando é que um de vocês quer dormir lá em casa de novo? Quando quiser, é só combinar... Vamos, Pedro?

Puxa, dormir em casa da avó era uma maravilha! Ela contava histórias diferentes, fazia chocolate antes de deitar, tanta coisa boa...

Pedro foi logo se animando. E pediu:

— Posso levar um amigo?

— Pode, se a mãe dele deixar. Precisa telefonar para ela e pedir.

Pedro desconversou:

— Não dá para telefonar para ela.

Mas a avó era muito prática:

— Bobagem! Eu olho no catálogo. Qual é o nome completo do seu amigo?

Ele já sabia que ia dar confusão. E falou bem explicadinho:

— Boi Voador.

— Como?

— BOI VOADOR!

A avó não achou graça nenhuma. Só falou, quase ralhando, antes de ir lá para dentro:

— Deixe de bobagem, menino. Ah, essas crianças têm cada uma...

E lá se foi. Logo em seguida chegou o avô que tinha demorado um pouquinho estacionando o carro. Como sempre, foi chegando e dando um chocolate para cada neto. Quando chegou a vez de Pedro, já meio de malandragem, só para ver como é que mais um grande fazia, o menino pediu:

— Tem mais outro, vovô?

— Está ficando gulosinho, hein?

— Não é para mim, não, é para meu colega novo. Sabe, vovô, ele é um boi voador...

O avô olhou bem para ele e repetiu:

— Um boi voador?

Pedro confirmou. E o avô, com uma cara ainda mais malandra do que a dele, respondeu:

— Boi não come chocolate, Pedro. Mas quando eu encontrar um bom tablete de capim voador eu trago...

E lá se foi, rindo. Pedro ficou sem saber se o avô estava gozando o neto, ou se estava rindo de alegria de poder conhecer um boi voador.

O resto da semana foi todo do mesmo jeito. Pedro brincava com seu amigo, conversava com ele, mas não queria saber de muito papo com gente grande. De vez em quando, no meio de algum assunto, falava do Boi Voador. E ia tendo cada vez mais certeza de que os outros não acreditavam no seu amigo. Até que, quando chegou o domingo, aconteceu uma coisa que ninguém da família esqueceu, nunca mais.

A mesa estava posta para o almoço, com um prato para cada um. Pedro bem que tinha avisado a sua mãe que o Boi Voador vinha almoçar. Mas é claro que ela se esqueceu de preparar um lugar para o amigo do filho. Quando Pedro reparou nisso, tratou de ir buscar mais um prato e botar perto do seu.

Na hora em que a comida ficou pronta, todos se sentaram para almoçar. E Pedro pediu:

— Mãe, será que você podia também fazer logo o prato do Boi Voador? Ele deve ter se distraído brincando lá embaixo, mas eu vou chamar e ele já vai subir...

Todos começaram a achar graça. E é claro que ninguém fez prato nenhum. Só Pedro mesmo é que, quando se serviu de bife, pôs um no seu prato e outro no do Boi Voador. Em seguida, foi até a janela e chamou:

— Boi Voador!

E enquanto o pai e a mãe, o irmão e a irmã, o avô e a avó continuavam a achar graça e a se servir de tudo o que tinha na mesa — e era uma delícia, num instante as travessas estavam vazias —, Pedro continuou a chamar:

— Boi Voador! Boi Voador! Vem logo, que a comida vai esfriar!

E então ele entrou voando, leve e lindo, brilhando e reluzindo.
Um maravilhoso boi voador, boi-bumbá em todo seu esplendor.

Negro como a noite mais profunda e cheio de estrelas, flores e brilhos de beleza. E enquanto ele voava, as franjas coloridas de seu manto dançavam com o vento. E tudo em volta aparecia nele por um momento. E os espelhinhos de sua garupa estrelada faziam uma festa de gala, refletiam cada pessoa e cada coisa da sala. E cada um, brotando no brilho antigo, voava uma voltinha com o boi manso e amigo.

Ficaram todos tão embevecidos com o Boi Voador que nem notaram que de repente toda aquela beleza virou surpresa. Ele sentou para comer e beber, com a fome e a sede de quem acabava de muito voar e muito brincar. No prato só tinha um bife — o que Pedro tinha guardado para ele. Mas o Boi Voador logo deu um jeito. Um jeito bem de boi voador. Mas que também podia ser de borboleta ou beija-flor.

Da irmã de Pedro comeu o feijão. E todo o arroz de seu irmão. Do prato da mãe, raspou a salada. Da verdura do pai, não sobrou nada. O avô ficou sem a laranjada. E a avó, gulosa e aflita, ficou fazendo beicinho sem a batata frita.

Só Pedro comeu direito. E ria à toa, o gozador:

— Para vocês todos, bem feito! Quem mandou rir de Boi Voador?

Sobre a história deste livro

Quando eu era bem pequena, tão pequena que nem me lembro disso e só sei porque minha mãe contou, tinha uma amiga imaginária. Ou melhor, uma amiga invisível, como eu dizia. O mesmo acontece com muitas crianças. Aconteceu com meu filho Pedro. Só que o dele não era um menino. Era um boi voador, ainda que sem asas. Diretamente inspirado numa miniatura de bumba meu boi que o padrinho trouxera do Maranhão e tínhamos pendurado no teto da casa.

Este livro conta essa história. Tenho um carinho especial por ele, um de meus primeiros, cheio de referências à minha família e a experiências vividas por nós. Para mim, sempre foi uma celebração do convívio familiar cotidiano e da capacidade inesgotável de imaginação que as crianças têm.

Mas, ao longo do tempo, os leitores foram me mostrando outras coisas. Antes de mais nada, que um livro também é um amigo secreto e quase invisível, que cada leitor vê de um jeito diferente, mas sempre está ali pertinho, pronto para nos acompanhar nos diversos momentos da vida. Nesse processo, as leituras dos outros foram me revelando como esta história reúne tantos elementos das diferentes culturas que nos formam, trazendo elementos folclóricos e tradicionais para uma realidade urbana e contemporânea, que por sua vez o acolhe com referências a obras mais eruditas registradas em livros e discos, e também com sua cultura de massa povoada de super-heróis e tecnologia. E que um bocado da mágica de um livro pode estar justamente nessa capacidade de reunir mundos que parecem distantes, até mesmo num estilo que mistura a prosa diária com vestígios de poesia na rima, no ritmo, nas imagens. E que pode falar de coisas sérias em tom de humor.

Agora com novas ilustrações, vou descobrindo ainda novos encantos nesse Boi Voador e nessa família que o recebe apesar das dúvidas, meio deslumbrada, meio assustada.
E agradeço a Alexandre Rampazo pela sensibilidade com que captou tudo isso.

Ana Maria Machado

foto: arquivo pessoal da autora

Todo mundo conhece **Ana Maria Machado** e sabe que é uma das maiores escritoras brasileiras. Com mais de uma centena de livros para crianças, jovens e adultos publicados no Brasil e no exterior, Ana é a primeira autora de literatura infantojuvenil eleita para a Academia Brasileira de Letras. Além de muitos prêmios nacionais, em 2000 ela recebeu o mais importante prêmio da literatura infantil mundial, o Hans Christian Andersen. Mulher de muitas atividades, Ana foi jornalista, professora universitária, radialista, dona de livraria e pintora. Escreveu suas primeiras histórias infantis na revista *Recreio*, em 1969. E nunca mais parou: "Escrevo o tempo todo, não só quando estou diante do papel ou do computador – esse é só o momento final, em que as palavras saem de mim e tomam forma exterior", ela diz. *O menino Pedro e seu Boi Voador*, que está entre seus livros prediletos, revela bem o jeito que a autora vê a criança: com enorme respeito à sua inteligência, fantasia e criatividade.

Para saber mais, visite o site www.anamariamachado.com

foto: arquivo pessoal do ilustrador

O paulistano **Alexandre Rampazo**, que nasceu em 1971, sempre tirava nota 10 nas aulas de educação artística. Ele começou a desenhar olhando os personagens da TV e criando suas próprias histórias. Já ganhou o prêmio americano Benny – Premier Print Awards e criou ilustrações para publicidade. Alexandre gosta muito de ler, ir ao cinema, escrever e de desenhar histórias infantis. É autor de dois livros: *A menina que procurava* e *A menina e o vestido de sonhos*.

Para saber mais, visite o site www.alexandrerampazo.com